Prayer

PRAYER
N O T E

내 기도를 들으소서

나의 왕, 나의 하나님이시여,
나의 부르짖는 소리를 들으소서!
내가 주께 기도합니다.

여호와여,
주는 아침마다
내 기도 소리를 들으실 것입니다.

내가 주께 기도하며
간절한 마음으로
주의 응답을 기다리겠습니다.

여호와여,
주의 한결같은 사랑으로
내 기도를 들으시고
주의 법에 따라 나를 살려 주소서!

시편 5:2-3, 119:149

"의무를 지나
기쁨에 이르는 길 찾기"

기도란 그런 여정이다.

나의 기도 약속

하루에 1분 이상 기도하겠습니다.

하루에 1명 이상을 위해
기도하겠습니다.

하루에 성경 말씀 1절을 붙들고
기도하겠습니다.

날짜 _____년 _____월 _____일

이름 _____

Date   •   •

기도제목

↳ 기도 시작한 날짜

이름 (중보 기도의 경우)

기도 제목을 가능한
구체적으로 기록한다.

응답과정

진행되는 과정을 기록한다.

(기도를 하면서 떠오르는 생각이나
깨달은 말씀, 실천할 일을
기록하는 것도 좋다)

기도가 응답되었으면
체크해서 한눈에
알아볼 수 있게 한다.

응답결과

기도가 어떻게
응답되었는지 기록한다.

Date   2016   •   1   •   1

기도제목

1. 기도의 능력을 체험하고
   중보 기도에 힘쓰는 믿음 생활

2. 성경 1독을 통해 말씀의 능력을
   경험하는 한 해!

3. 이사할 집 이번 달에
   잘 구할 수 있도록

응답과정

6일 : 교회 성경통독반에 신청함
- 혼자서 통독하기에는 자신이 없었는데
  함께 성경을 읽고 공부할 수 있는
  공동체가 있어서 감사하다.
  말씀을 사모하는 한 해를 보내자!

16일 : 집을 5군데 보러 다녔는데
　　　 적당한 곳이 없었다.
20일 : 사정을 들으신 김 권사님이 마침
　　　 좋은 집을 소개해 주셨다.
29일 : 집을 계약했다.

응답결과

통독반 신청(행동의 결단력)
적절한 집을 구하게 하셨다(1/29)

Date   2016 · 2 · 15

기도제목

큰딸 희영이

희영이가 직장을 구하고 있는데
하나님이 선하신 뜻대로
인도해 주시길

응답과정

15일 : ○○회사와 □□회사에 지원.
18일 : ○○회사 면접 봄.
23일 : □□회사 면접 봄.
29일 : □□회사에서 합격 연락이 옴.

응답결과

□□회사에 취직하게 됨(2/29)

Date   2016 · 3 · 6

기도제목

김성희 집사님

1. 둘째 며느리가 순산하도록
   (출산 예정일 : 20일)
2. 소아당뇨에 걸린 큰손자(한수)를
   치료할 유능한 의사를 만나도록

응답과정

2. 이정훈 집사님(내과 의사)께
   좋은 의사를 알아봐 달라고
   부탁할 것.

"그러므로 너희 죄를 서로 고백하며
병이 낫기를 위하여 서로 기도하라
의인의 간구는 역사하는 힘이
큼이니라" (약5:16)

응답결과

1. 며느리 순산 (3/19)

Date • •	Date • •
기도제목	**기도제목**
응답과정	**응답과정**
응답결과	**응답결과**

Date　　　•　　　•

기도제목

Date　　　•　　　•

기도제목

응답과정

응답과정

응답결과

응답결과

Date   ·   ·

기도제목

Date   ·   ·

기도제목

응답과정

응답과정

응답결과

응답결과

무엇이든지 기도하고 구하는 것은
받은 줄로 믿으라 그리하면 너희에게 그대로 되리라 (막 11:24)

Date   ·   ·   Date   ·   ·

기도제목   **기도제목**

응답과정   **응답과정**

응답결과   **응답결과**

Date · ·	Date · ·
기도제목	**기도제목**
응답과정	**응답과정**
응답결과	**응답결과**

Date   •   •

기도제목

Date   •   •

기도제목

응답과정

응답과정

응답결과

응답결과

Date   •   •

기도제목

응답과정

응답결과

Date   •   •

기도제목

응답과정

응답결과

Date   ·   ·   Date   ·   ·

기도제목   **기도제목**

응답과정   **응답과정**

응답결과   **응답결과**

Date   •   •

기도제목

응답과정

응답결과

Date   •   •

기도제목

응답과정

응답결과

환난 날에 나를 부르라 내가 너를 건지리니 네가 나를 영화롭게 하리로다 (시 50:15)

| Date | • | • | Date | • | • |

기도제목

기도제목

응답과정

응답과정

응답결과

응답결과

Date · ·	Date · ·
기도제목	**기도제목**
응답과정	**응답과정**
응답결과	**응답결과**

Date • •	Date • •

기도제목

기도제목

응답과정

응답과정

응답결과

응답결과

Date　　·　　·

기도제목

응답과정

응답결과

Date　　·　　·

기도제목

응답과정

응답결과

이러므로 너희는 장차 올 이 모든 일을 능히 피하고
인자 앞에 서도록 항상 기도하며 깨어 있으라 하시니라 (눅 21:36)

Date   •   •   Date   •   •

기도제목   **기도제목**

응답과정   **응답과정**

응답결과   **응답결과**

Date   •   •

기도제목

응답과정

응답결과

Date   •   •

기도제목

응답과정

응답결과

Date　　　•　　　•

기도제목

응답과정

응답결과

Date　　　•　　　•

기도제목

응답과정

응답결과

네가 부를 때에는 나 여호와가 응답하겠고
네가 부르짖을 때에는 내가 여기 있다 하리라 (사 58:9)

Date	•	•

기도제목

응답과정

응답결과

Date	•	•

기도제목

응답과정

응답결과

Date   ·   ·

Date   ·   ·

기도제목

기도제목

응답과정

응답과정

응답결과

응답결과

그가 사모하는 영혼에게 만족을 주시며
주린 영혼에게 좋은 것으로 채워 주심이로다 (시 107:9)

Date • •	Date • •
기도제목	**기도제목**
응답과정	**응답과정**
응답결과	**응답결과**

24

Date • •	Date • •
기도제목	**기도제목**
응답과정	**응답과정**
응답결과 ☐	**응답결과** ☐

Date　　　·　　　·

기도제목

응답과정

응답결과

Date　　　·　　　·

기도제목

응답과정

응답결과

Date   ·   ·

기도제목

응답과정

응답결과

☐

Date   ·   ·

기도제목

응답과정

응답결과

☐

Date   •   •

기도제목

응답과정

응답결과

Date   •   •

기도제목

응답과정

응답결과

Date   ·   ·

기도제목

응답과정

응답결과

Date   ·   ·

기도제목

응답과정

응답결과

| Date   •   • | Date   •   • |

기도제목

기도제목

응답과정

응답과정

응답결과

응답결과

무엇이든지 기도하고 구하는 것은
받은 줄로 믿으라 그리하면 너희에게 그대로 되리라 (막 11:24)

Date   •   •

기도제목

Date   •   •

기도제목

응답과정

응답과정

응답결과

응답결과

Date   •   •

기도제목

응답과정

응답결과

Date   •   •

기도제목

응답과정

응답결과

Date   ·   ·

기도제목

응답과정

응답결과

Date   ·   ·

기도제목

응답과정

응답결과

Date   •   •

기도제목

응답과정

응답결과

Date   •   •

기도제목

응답과정

응답결과

네 짐을 여호와께 맡기라
그가 너를 붙드시고 의인의 요동함을 영원히 허락하지 아니하시리로다 (시 55:22)

Date	•	•		Date	•	•

기도제목   **기도제목**

응답과정   **응답과정**

응답결과   **응답결과**

Date   •   •

기도제목

응답과정

응답결과

Date   •   •

기도제목

응답과정

응답결과

Date   •   •

기도제목

응답과정

응답결과

Date   •   •

기도제목

응답과정

응답결과

Date   •   •

기도제목

응답과정

응답결과

Date   •   •

기도제목

응답과정

응답결과

내가 여호와께 간구하매 내게 응답하시고 내 모든 두려움에서 나를 건지셨도다 (시 34:4)

Date	•	•

기도제목

응답과정

응답결과

Date	•	•

기도제목

응답과정

응답결과

Date   •   •

기도제목

응답과정

응답결과

Date   •   •

기도제목

응답과정

응답결과

이러므로 너희는 장차 올 이 모든 일을 능히 피하고
인자 앞에 서도록 항상 기도하며 깨어 있으라 하시니라 (눅 21:36)

Date   •   •   Date   •   •

기도제목   **기도제목**

응답과정   **응답과정**

응답결과   **응답결과**

Date   ·   ·

기도제목

응답과정

응답결과

Date   ·   ·

기도제목

응답과정

응답결과

너는 내게 부르짖으라 내가 네게 응답하겠고
네가 알지 못하는 크고 은밀한 일을 네게 보이리라 (렘 33:3)

Date   •   •

기도제목

Date   •   •

기도제목

응답과정

응답과정

응답결과

응답결과

네가 부를 때에는 나 여호와가 응답하겠고
네가 부르짖을 때에는 내가 여기 있다 하리라 (사 58:9)

| Date | • | • |

기도제목

응답과정

응답결과

| Date | • | • |

기도제목

응답과정

응답결과

Date   •   •

기도제목

Date   •   •

기도제목

응답과정

응답과정

응답결과

응답결과

Date　　·　　·

기도제목

응답과정

응답결과

Date　　·　　·

기도제목

응답과정

응답결과

너희 염려를 다 주께 맡기라 이는 그가 너희를 돌보심이라 (벧전 5:7)

Date　　　•　　　•

기도제목

Date　　　•　　　•

기도제목

응답과정

응답과정

응답결과

응답결과

팀 켈러가 제안하는
매일 기도

하루 세 차례 기도 일과

아침기도(35분)

시편 95편을 읽고 기도하라.

맥체인 성경 읽기 프로그램에 맞추어 날마다 두 장씩 말씀을 보라.

가장 마음에 와 닿는 구절을 골라 묵상하라(마르틴 루터 방식).

묵상한 내용을 가지고 하나님께 기도하라.

자유기도 : 찬양, 고백, 간구.

한낮기도(5분)

시편 103편을 읽고 기도하라.

주기도문을 자신의 말로 옮기며 기도하라(루터 방식).

자기점검: 쉽게 성을 내고 교만했는가, 아니면 너그럽고 겸손했는가?

차갑고 냉랭했는가, 아니면 따듯하고 친절했는가?

초조해하고 스트레스를 받는 편이었는가, 아니면 하나님께 의지했는가?

비겁했는가, 아니면 정직했는가?

오늘, 또는 당장 해결해야 할 문제들을 위해 자유로이 기도하라.

저녁기도(20분)

시편 두 편을 읽고 기도하라. 주석을 활용해서 내용을 면밀히 살피라.

오늘 저지른 죄를 고백하고 회개하라.

오늘 만난 사람들 가운데 도움이 필요한 이들을 위해 기도하라.

가족, 친구, 사사건건 충돌하는 상대, 이웃들, 보살펴야 하거나 부담을 지고 있거나 애정을 주고 있는 지인들, 일반적인 교회와 지금 출석하는 교회, 살고 있는 도시와 지역공동체, 온 세상의 가난한 이들을 위해 중보하라.

장 칼뱅의 기도를
토대로 한
매일 기도

잠자리에서 일어나 드리는 기도

하나님 아버지, 그리고 구세주여, 흔쾌히 은혜를 베푸셔서 밤을
지내고 새 날을 맞았습니다. 오늘 하루도 온전히 주님을 섬기며
보내게 하셔서 제가 하는 일마다 주님의 이름을 영화롭게 하며
이웃들에게 본이 되게 해주세요. 온 세상에 햇볕을 내리 쬐어서
육신의 눈으로 밝히 보게 하신 것처럼, 성령의 광선을 비추셔서
정신과 마음을 밝혀 주소서. 시작이 아무리 근사해도 끝까지 견
디며 완주하지 않으면 아무 의미가 없습니다. 그러므로 밤낮으로
빛을 비추시길, 끝도 없이 영원토록 계속하시는 하나님의 아들
주 예수 그리스도와 온전히 연합할 때까지 갈수록 은혜를 더하시
길 간구합니다. 자비로우신 아버지, 제 기도를 들어주시니 감사
합니다. 예수님의 이름으로 기도합니다. 아멘.

하루 일을 시작하기 전에 드리는 기도

선하신 하나님 아버지, 그리고 구세주여 오늘도 일터로 나갑니다. 스스로의 이익과 영광을 얻는 게 아니라 하나님과 이웃을 섬기게 하시려고 주님이 주신 소명을 다하며 보람을 얻도록 성령님의 능력을 더해 주세요. 지혜와 판단력, 분별력을 허락하시며 끈질기게 따라다니는 죄에서 벗어나게 해주세요. 주님이 오늘 맡기신 일을 감당하는 가운데 어떤 열매와 어려움을 주시든 한결같은 마음으로 인내하며 받아들이게 해주세요. 무슨 일을 하든지 날 구원하시고 생명을 주신 주 예수 그리스도와 그 은혜 안에 늘 안식하도록 도와주세요. 자비로우신 아버지, 제 기도를 들어주시니 감사합니다. 예수님의 이름으로 기도합니다. 아멘.

점심식사 후에 드리는 기도

오, 주 하나님! 온갖 유익과 선물들을 물 붓듯 쉴 새 없이 부어
주셔서 감사합니다. 음식과 쉴 곳을 주셔서 육신의 생명을 지켜
주시고, 복음을 통해 새 생명을 주시며, 언젠가는 더할 나위 없
이 완전한 삶을 살게 해주실 것을 믿고 감사합니다. 이처럼 넘
치는 축복을 주셨음을 기억하며 간구합니다. 세상에 속한 것들
을 지나치게 탐하느라 주님을 향한 사랑이 흐트러지지 않게 하
시며, 하늘나라의 것들을 사모하게 해주세요. 자비로우신 아버
지, 제 기도를 들어주시니 감사합니다. 예수님의 이름으로 기도
합니다. 아멘.

잠들기 전에 드리는 기도

오, 주 하나님! 은혜를 베푸셔서 오늘 밤, 몸이 편히 쉴 뿐만 아니라 영혼 또한 쉼을 누리게 해주세요. 거룩한 은총과 사랑에 힘입어 심령과 의식 속에서 세상의 염려를 모두 내려놓고 무엇 하나 거칠 것 없이 안온하며 느긋하게 안식하도록 이끌어주세요. 오늘도 어김없이 온갖 죄를 지었습니다. 하나님의 자비로 허물을 덮어주시고 주의 임재를 놓치지 않게 도와주세요. 자비로우신 아버지 하나님, 그리스도를 보시고 저를 용서해주십시오. 오로지 주님의 은혜에 기대어 안전하게 잠들고 또 그렇게 일어나게 해주세요. 예수 그리스도가 저를 위해 죽음 가운데 누우셨다가 저를 의롭게 하시려 다시 일어나셨으므로 언젠가는 저 역시 마지막으로 부활하게 되리라는 사실을 기쁨으로 생생하게 기억하도록 도와주세요. 예수님의 이름으로 기도합니다. 아멘.

의무를 지나 기쁨에 이르는 길 찾기

팀 켈러의 기도

팀 켈러가 말하는
기도의 **본질**에서 **실제**까지!

기도는 참다운 자기 인식으로 들어가는 유일한 통로다.
기도는 경이요, 친밀감이며, 고단한 씨름이지만
본질에 맞닿은 길이기도 하다.
그만큼 중요하거나, 힘겹거나, 풍요롭거나,
삶을 바꿔 놓을 만한 일은 어디에도 없다.
기도만큼 위대한 일은 결단코 없다.

Timothy Keller 팀 켈러

Prayer

PRAYER
NOTE

기도수첩

엮은이	출판부
초판 발행	2016. 2. 1
9쇄	2024. 10. 17
등록번호	제1988-000080호
등록된 곳	서울시 용산구 서빙고로65길 38
발행처	사단법인 두란노서원
영업부	2078-3333 FAX. 080-749-3705
출판부	2078-3331

책값은 뒤표지에 있습니다.
ISBN 978-89-531-2446-2 03230

독자의 의견을 기다립니다.
tpress@duranno.com www.duranno.com